Vente P. LOMBARD

Les Mercredi 6, Jeudi 7 et Vendredi 8 Avril 1892

A DEUX HEURES PRÉCISES

PLACE VENDÔME, 26

MODÈLES

POUR

BRONZES D'ART ET D'AMEUBLEMENT

PROVENANT

De la Maison P. LOMBARD

PAR SUITE DE CESSATION DE FABRICATION

EXPOSITION PUBLIQUE

Les Dimanche 3, Lundi 4 et Mardi 5 Avril 1892

DE 10 HEURES DU MATIN A 4 HEURES DU SOIR

Par le ministère de Mᵉ Frédéric LECOCQ, Commissaire-Priseur,

rue Richer, 41

PARIS — 1892

IMPRIMERIE MAULDE ET RENOU

A. MAULDE & Cie

IMPRIMEURS DE LA COMPAGNIE DES COMMISSAIRES-PRISEURS

Rue de Rivoli, 144. — Paris

CATALOGUE

DE

MODÈLES

POUR

BRONZES D'ART ET D'AMEUBLEMENT

AVEC DROIT DE REPRODUCTION

PROVENANT

De la Maison P. LOMBARD

Fabricant de Bronzes à Paris

DONT LA VENTE AUX ENCHÈRES PUBLIQUES AURA LIEU

PLACE VENDÔME, 26

Les Mercredi 6, Jeudi 7 et Vendredi 8 Avril 1892

A **DEUX** HEURES **PRÉCISES**

Par le ministère de **Me Frédéric LECOCQ,** Commissaire-Priseur,
rue Richer, 41

EXPOSITION PUBLIQUE

Les Dimanche 3, Lundi 4 et Mardi 5 Avril 1892

DE 10 HEURES DU MATIN A 4 HEURES DU SOIR

PARIS — 1892

CONDITIONS DE LA VENTE

Elle sera faite au comptant.

Les Acquéreurs paieront CINQ POUR CENT en sus du prix d'adjudication.

Ils seront tenus de prendre la **Fonte brute**, existant pour chacun des Modèles, au prix de **2 fr. 50 le kilogramme**.

Le **Poids de fonte** sera indiqué au moment de la mise en vente de chaque modèle.

La **livraison** mettant les Acquéreurs à même de vérifier l'état des objets vendus, de même que les quantités ou poids énoncés, il ne sera admis aucune réclamation une fois la **livraison opérée**.

TABLE

A. MAULDE et Cie, imprimeurs de la Compagnie des Commissaires-Priseurs
rue de Rivoli, 144 500—22615

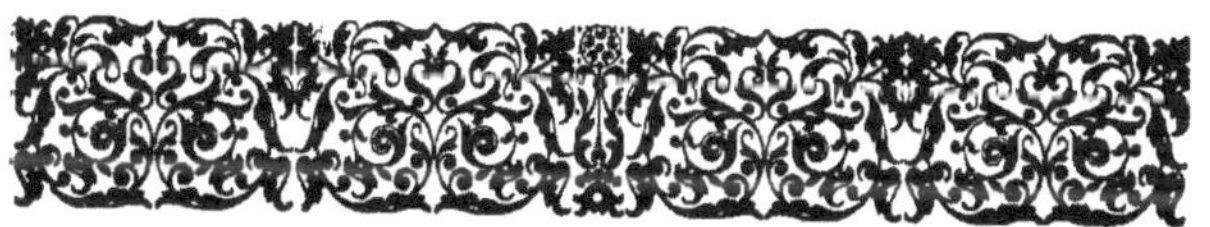

DÉSIGNATION

GROUPES, STATUETTES ET BUSTES

1 — Statuette **Officier de fortune.**

Par T. Ancillotti.

2 — Statuette **Officier de fortune.**

Réduction n° 2.

3 — Statuette **Officier de fortune.**

Réduction n° 3.

4 — Statuette **Moine à la contrebasse.**

Par T. Ancillotti.

5 — Buste **Reître.**

Par T. Ancillotti.

6 — Statuette **La Boudeuse.**

Par Auguste Moreau.

7 — Statuette **La Boudeuse.**

Réduction du précédent.

8 — Statuette **Amour à l'Arc.**

Par Auguste MOREAU.

9 — Statuette **Je t'en ratisse.**

Modification du précédent.

10 — Statuette **Amour à la torche.**

Par Auguste MOREAU.

Collection John Jones Kensington Museum.

11 — Statuette **Jeune Contemporaine.**

Par CHATROUSSE.

12 — Statuette **Jeune Contemporaine.**

Réduction du précédent.

13 — Statuette **Petit Charmeur.**

Par Mlle Marie FRESNAYE.

14 — Statuette **Petit Charmeur.**

Réduction n° 2.

15 — Statuette **Petit Charmeur.**

Réduction n° 3.

16 — Buste **Saint Georges.**

Par Eugène ROBERT.

17 — Statuette **Amour aux libellules.**

Par TH. THOLENAAR.

18 et 18 *bis* — Deux Groupes **La Rixe.**

D'après le tableau de MEISSONIER (château de Windsor), par Émile GUILLEMIN.

19 et 19 *bis* — Deux statuettes **La Querelle.**

Extraites de *la Rixe*.

20 et 20 *bis* — Deux statuettes **La Provocation.**

Par Emile GUILLEMIN.

21 et 21 *bis* — Deux Statuettes **Le Défi.**

Par Émile GUILLEMIN.

22 — Statuette **Duc de Lorraine.**

Fondu directement sur ancien.

23 — Statuette **La Curieuse.**

Par ROUGELET.

24 — Statuette **La Curieuse.**

Réduction n° 2.

25 — Statuette **La Curieuse.**

Réduction n° 3.

NOTA. A titre absolument exceptionnel, *Rougelet* a droit sur cette œuvre à une part des bénéfices sur la vente des *marbres* et des *terres cuites*, ainsi qu'à un prélèvement supplémentaire de *quarante francs* par chaque épreuve, *terre cuite*, qu'il retouche ou est censé retoucher.

Le *droit de vente* et la *fixation* des prix restent d'ailleurs *exclusivement* entre les mains du *fabricant*.

Cette remarque ne vise que les terres cuites et les marbres. *Il n'est rien dû à l'artiste sur la vente des bronzes.*

26 — Statuette **Escrimeur tenant son masque.**

Par Rougelet.

La pose fournie par M. Prevost, professeur d'escrime du Cercle de « l'Union artistique et littéraire ».

— Statuette **Escrimeur mettant son gant.**

Par Rougelet.

La pose fournie par M. Prevost.

28 — Statuette **Escrimeur redressant son fleuret.**

Par Rougelet.

La pose fournie par M. Prevost.

29 et 29 *bis* — Deux statuettes **L'Assaut d'armes.**

Par Rougelet.

La pose fournie par M. Prevost.

30 — Statuette **La Danseuse.**

Par Rougelet.

31 — Statuette **L'Avocat.**

Par Rougelet.

32 — Statuette **La Bonne Sœur.**

Par Rougelet.

33 — Statuette **L'Officier.**

Par Rougelet.

34 — Statuette **Le Trottin.**

Par Rougelet.

35 — Statuette **La Nounou.**

Par Rougelet.

36 — Statuette **Le Suisse d'Eglise.**

Par Rougelet.

37 — Statuette **Diane.**

Par Rougelet.

38 — Statuette **Suivant de Bacchus.**

Par Rougelet.

39 — Statuette **Charmeur d'oies.**

Par Adolphe Gumery.

40 — Statuette **Tireur d'Arc.**

D'après Vanloo.

(Vente Sévenier).

41 — Statuette **Premier Chagrin.**

Par Pigalle.

(Vente Sévenier).

42 — Statuette **L'Eau,** sur une terre cuite ancienne.

43 — Statuette **Le Feu,** sur une terre cuite ancienne.

44 — Groupe **Enfants** (Sèvres).

Par Delarue.

45 — Statuette **Vierge à l'Enfant** (Sèvres).

46 — Buste **Bacchante.**

Par Marin.

47 — Statuette **Faune de Naples.**

Réduction d'antique.

48 — Statuette **Bouquetière** (Sèvres).

49 — Statuette **Enfant du Silence.**

Attribué à Falconet.

50 — Statuette **Enfant du Silence.**

Réduction du précédent.

51 — Statuette **Enfant à l'arc.**

Attribué à FALCONET.

52 — Statuette **Enfant à l'arc.**

Réduction du précédent.

53 — Buste **Enfant rieur.**

Par DONATELLO.

54 — Buste **Enfant songeur.**

Par DONATELLO.

55 — Buste **Femme inconnue.**

D'après un moulage d'ancien.

56 — Buste **Vieille Femme.**

D'après un moulage d'ancien.

57 — Figure **Christ** (pour croix).

Fondu directement sur ancien.

58 — Statuette **Nourrice.**

Par Bernard PALISSY (Musée de Cluny).

59 — Statuette **Minerve au bouclier.**

Fondu directement sur un bois ancien.

60 — Buste **Printemps.**

Par Émile GUILLEMIN.

61 — Groupe **Femme et Enfant.**

Par JANSON.

62 — Statuette **Homère.**

63 — Statuette **Homère.**

Réduction du précédent.

64 — Statuette **Flûteur.**

Par Ad. Gumery. Maquette plâtre.

65 — Groupe **Éléphant et son cornac**, fonte seulement.

Fondu directement sur ancien.

66 — Buste **Henri II**, plâtre seulement.

Moulage et arrangement d'ancien.

67 et 67 *bis* — **Deux Enfants,** pour pendule.

Fondu directement sur ancien.

68 — Statuette **Amour à la faulx**, pour pendule.

Fondu directement sur ancien.

69 et 69 *bis* — Deux Figures **Bacchante et Musicien,** pour chenets ou pendule.

Fondu directement sur ancien.

70 — Figure **Femme**, fonte seulement.

Fondu directement sur ancien.

71 et 71 *bis* — Deux Figures **Chinois et Chinoise**, fonte seulement.

Fondu directement sur ancien.

72 et 72 *bis* — Deux Figures **Enfants**, fonte seulement.

Fondu directement sur ancien.

*

NOUVELLE COLLECTION DE MODÈLES

D'APRÈS LES TERRES CUITES DU MUSÉE DE SÈVRES

73 — Groupe **Annette et Lubin.**

74 — Groupe **le Mangeur de raisins.**

75 — Groupe **l'Homme entre deux âges.**

76 — Groupe **Le Nœud de cravate.**

77 — Groupe **Le Tigre.**

78 — Groupe **Sancho Pança,** inédit.
Plâtre seulement.

79 — Groupe **Chasse au loup,** inédit.
Plâtre seulement.

80 — Statuette **Jeannot.**

81 — Statuette **Jeannette.**

82 — Statuette **L'Eunuque.**

83 — Statuette **La Négresse.**

84 — Statuette **Zéphir.**

85 — Statuette **Flore.**

86 — Statuette **Pan.**

87 — Statuette **Pomone.**

88 — Statuette **L'Egyptienne,** inédit.
Plâtre seulement.

ŒUVRES EN CO-PROPRIÉTÉ

Les modèles sont la propriété du fabricant, mais les artistes ou leurs ayants droit participent aux bénéfices.

A. Jean-Baptiste PERRAUD

Grand prix de Rome, officier de la Légion-d'honneur,
Membre de l'Institut
(Décédé)

Héritiers : M. et Mme DESVIGNES-PERRAUD, à Toulouse (Jura).

Représentant : M. Pierre CANOZ, banquier, à Seillières (Jura).

89 — **L'Enfance de Bacchus**, grande médaille d'honneur du Salon.

Le marbre est au Louvre.

90 — Groupe **L'Enfance de Bacchus.**

Réduction n° 2.

91 — Groupe **L'Enfance de Bacchus.**

Réduction, n° 3.

92 — Groupe **Le Jour,** 1re médaille du Salon.

L'original est au Luxembourg.

93 — Statuette **Le Désespoir**, grande médaille d'honneur du Salon.

Le marbre est au Louvre.

B. Charles-Achille GUMERY

Grand prix de Rome, Officier de la Légion d'honneur
(Décédé)

Héritière : Mme veuve Gumery, 15, rue du Mont-Dore, Paris.

94 — Statuette **Faune au Chevreau.**

Envoi de Rome.

95 — Statuette **Faunette aux Colombes.**

Pendant du Faune.

96 — Statuette **La Science.**

L'original, propriété de l'État, est à Chambéry.

97 — Statuette **L'Adolescence.**

Le marbre original fait partie de la collection de M. Lepel-Cointet.

98 — Statuette **Le Faucheur.**

Envoi de Rome. — L'original en bronze est au parc Monceau.

99 — Statuette **Le Faucheur.**

Réduction du précédent.

100 — Statuette **L'Ange à la Colombe.**

Bénitier de l'Église de la Trinité.

101 — Statuette **L'Ange à la Colombe.**

Réduction du précédent.

102 — Statuette **L'Ange au Rameau.**
Bénitier de l'église de la Trinité.

103 — Statuette **L'Ange au Rameau.**
Réduction du précédent.

C. MATHIEU-MEUSNIER

84, rue d'Assas (6, avenue Vavin).

104 — Statuette **Laïs mourante.**
Jardin des Tuileries.

105 — Statuette **Laïs mourante.**
Réduction du précédent.

106 — Statuette **Laïs grenouille.**
Réduction-charge des précédents.

GARNITURES DE CHEMINÉES, CANDÉLABRES, PENDULES

107 — Pendule Louis XVI, **Jour et Nuit.**
Les Enfants par Auguste Moreau.

108 — Pendule Louis XVI, **Jour et Nuit** n° 2.
Réduction du précédent.

109 — Candélabre **Louis XVI**, vase tors.

D'après Delafosse.

110 — Candélabre **Louis XVI** vase tors.

Réduction du précédent.

111 — Pendule Louis XVI, **Femme et Enfant**.

Par Carrier et Chéret.

112 — Candélabres **torchères** d'accompagnement.

Les figures par Carrier..

113 — Pendule Louis XVI, **Deux Enfants**.

Les Enfants par E. Guillemin.

114 — Candélabre **Louis XVI** à vase.

115 — Pendule **Louis XVI**, n° 2.

Modification du n° 113.

116 — Candélabres **Louis XVI**, Enfants.

Les Enfants par Guillemin.

117 — Bout-de-Table **Louis XVI**, Enfants.

Deux lumières, arrangement du précédent.

118 — Pendule Louis XVI, **Liseuse**.

Fondu sur ancien.

119 — Pendule **Liseuse** n° 2.

Réduction partielle du précédent.

120 — Candélabre **Louis XVI**, cassolette.

D'après Gouthières.

121 — Pendule **Louis XVI**, vase porcelaine.
Fondu sur ancien.

122 — Pendule **Louis XVI** à glaces.

123 — Pendule **Louis XVI** à glaces dessus vase.

124 — Pendule Louis XVI, **Enfant aux roses.**
L'Enfant par Auguste Moreau.

125 — Bouts-de-Table, **Enfants** Clodion.

126 — Candélabres **Louis XVI**, Enfants Clodion n° 1.

127 — Pendule Louis XVI **Alice.**
Fondu directement sur ancien.

128 — Candélabre **Louis XVI,** à vase, bouquet lys et pavots.

129 — Pendule **Louis XVI,** carquois.

130 — Pendule Louis XVI, **Offrande à l'Amour.**
Fondu directement sur ancien.

131 — Pendule Louis XVI, **Enfants porteurs.**
Fondu sur ancien.

132 — Pendule **Trois Grâces** (Fontainebleau).
Par Durand, d'après Vion.

133 — Pendule-Socle **Louis XVI,** tabouret.

134 — Pendule Louis XVI, **Groupe d'oiseaux.**
Fondu directement sur ancien.

135 — Pendule Louis XVI **Coffre à musique.**
Fondu directement sur ancien.

136 — Pendule Louis XVI, **Enfant printemps.**
L'Enfant par Auguste Moreau.

137 — Candélabres Louis XVI, **Enfants printemps.**
Les Enfants par Auguste Moreau.

138 — Pendule Louis XVI, **Enfant Tambour.**
Fondu directement sur un biscuit ancien.

139 — Petite pendule **Louis XVI** (pour marbrerie).
Fondu directement sur ancien.

140 — Petite pendule **Louis XVI**, génisse.
Fonte seulement.

141 — Pendule-thermomètre **Louis XVI**.
(Vente H. Perrot).

142 — Pendule-Socle **Renaissance**, pour bois ou marbrerie.

143 — Pendule **Louis XIV**, attributs guerriers.

144 — Bout-de-Table **Louis XIV**, d'accompagnement.

145 — Pendule **Louis XIII**, à dôme.
(Se monte le plus souvent avec des émaux de Limoges).

146 — Pendule **Flamande**, n° 1.

147 — Pendule **Flamande**, n° 2.

148 — Pendule **Flamande**, n° 3.

149 — Pendule **Flamande**, n° 4, à jour.

150 — Candélabre **Flamand**, n° 1.

151 — Candélabre **Flamand**, n° 2.

152 — Candélabre **Flamand**, n° 3.

153 — Pendule **Louis XIV**, cariatides.

154 — Candélabre **Louis XIV**, cariatides.

155 — Vase **Louis XIV**, Holford, pour marbrerie.

156 — Vase **Louis XIV**, Holford, n° 2.
Réduction du précédent.

157 — Candélabre **Louis XIV**, Holford.

158 — Pendule **Louis XIV**, Hébé.
La figure par Gumery.

159 — Candélabre **Louis XIV**, d'accompagnement.

160 — Pendule-Socle **Louis XV**, n° 1.

161 — Pendule-Socle **Louis XV**, n° 2.

162 — Console **Louis XIV**, pour socle de pendule.

163 — Pendule **Régence**, attributs marins.

164 — Pendule **Louis XIII**, pour marqueterie.
Fondu directement sur ancien.

165 — Pendule **Louis XIV**, Enfant pour marqueterie.
Fondu directement sur ancien.

166 — Pendule et Support **Louis XIV**, pour marqueterie.
Fondu directement sur ancien.

167 — Pendule **Louis XIV**, Coq, pour marqueterie.
Fondu directement sur ancien.
Collection Chardin.

168 — Pendule et Support **Louis XV**, pour vernis Martin.
Fondu directement sur ancien.

169 — Pendule **Louis XV**.
Fondu directement sur ancien.

170 — Candélabre **Renaissance**, Aguado.

171 — Candélabre **Renaissance**, Aguado.
Modification du précédent.

172 — Candélabre **Arbre chinois,** Gérôme.

GIRANDOLES, BOUTS-DE-TABLE FLAMBEAUX

173 — Girandole **Louis XIV**, Bérain n° 1.
Fondu sur ancien.

174 — Girandole **Louis XIV**, Bérain n° 2.

175 — Girandole **Louis XIV**, cariatides.

176 — Girandole **Louis XV**, Germain.
Fondu sur ancien.

177 — Bouquet **Germain**.
Grossissement du bouquet du précédent.

178 — Bout-de-Table **Marie-Antoinette**.
Fondu sur ancien.

179 — Bout-de-Table **Louis XVI**.
D'après FORTY.

180 — Bout-de-Table **Carquois**.
Modification du précédent.

181 — Bout-de-Table **Louis XVI**, Fénelon.
Fondu directement sur ancien.

182 — Bout-de-Table **Louis XVI**, à vase.
(Vente H. PERROT).

183 — Bout-de-Table **Louis XV**, deux lumières.
Fondu sur ancien.

184 — Flambeau **Louis XIV**, cariatides.
D'après FORTY.

185 — Flambeau **Louis XVI**, Têtes de femmes.
(Vente SÉVENIER).

186 — Flambeau **Louis XVI,** dauphins.
Fondu directement sur ancien.

187 — Flambeau **Louis XVI,** colonne à guirlandes.
Fondu directement sur ancien.

188 — Flambeau **Louis XVI,** cassolette.
(Vente Sévenier).

189 — Flambeau **Bouillotte**.
Éléments fondus sur ancien.

190 — Flambeau **Louis XV,** clavier.

191 — Flambeau **Louis XV**, cariatides.
Fondu directement sur ancien.

192 — Flambeau **Louis XV**, Fel.
Fondu directement sur ancien.

193 — Flambeau **Louis XV,** de Bernis.
Fondu directement sur ancien.

194 — Flambeau **Louis XV,** Emmanuel.
Fondu directement sur ancien.

195 — Flambeau fin **Louis XV**, tors.
Fondu directement sur ancien.

196 — Flambeau **Louis XIV,** balustre.
Fondu directement sur ancien.

197 — Flambeau **Louis XIV,** à godrons.
Fondu directement sur ancien.

198 — Flambeau **Renaissance**, écailles.
Fondu sur ancien. Collection du duc de Luynes.

199 — Flambeau **Renaissance**, cloche, à jours.
Fondu sur ancien. Collection Soltykoff.

200 — Flambeau **Renaissance**, cloche, uni.
Fondu sur ancien. Collection Sauvageot.

201 — Flambeau **Renaissance,** uni, Florence.
Fondu sur ancien.

202 — Flambeau **Renaissance**, à pans.
Fondu sur ancien.

203 — Flambeau **byzantin**.
Fondu sur ancien.

204 — Flambeau **gaîne**.
Par Gumery.

205 — Flambeau **abat-jour,** groupe, Enfants, cors de chasse.
Sur un moulage d'ancien.

206 — Flambeau **japonais**, cigogne.
Fondu sur ancien.

207 — Flambeau **uni**.

208 — Bougeoir **Louis XVI,** à perle.

209 — Bougeoir **Louis XV**.
Fondu sur ancien.

210 — Flambeau **Louis XVI,** à canaux.
Fonte seulement.

BAROMÈTRE, CARTELS ET BRAS DE LUMIÈRE

211 — Baromètre **Louis XVI**, du Louvre.

(Vente Sévenier.)

212 — Cartel **Louis XVI**, à ruban, modification du précédent

213 — Cartel **Louis XVI**, à vase.

Fondu sur ancien.

214 — Cartel-Mignon **Louis XVI**, à vase.

Réduction du précédent.

215 — Cartel **Louis XV**, Deschamps.

Fondu directement sur ancien.

216 — Cartel-Mignon **Louis XV**, Deschamps.

Réduction du précédent.

217 — Cartel **Louis XV**, Yvetot, sur un bois ancien.

Vente Sévenier.

218 — Cartel-Mignon **Louis XV**.

Fondu sur ancien.

219 — Cartel **Louis XV**, feuilles.

Fonte seulement.

220 — Applique **Louis XIV,** une lumière n° 1.
Fondu sur ancien.

221 — Applique **Louis XIV,** une lumière n° 2.

222 — Applique **Louis XIV,** tête de femme, une lumière.
Fondu sur ancien.

223 — Lot de bras **flamands** unis.

224 — Applique **Louis XV**, deux lumières.
Fondu directement sur ancien.

225 — Bras **Louis XVI,** deux lumières, fruits.
Sur un moulage d'ancien.

226 — Bras **Louis XVI,** chèvre, deux lumières.
Sur un moulage d'ancien.

227 — Bras **Louis XVI** du Pape (Fontainebleau).
Sur un moulage d'ancien.

228 — Bras **Louis XVI** guirlandes de Chêne.
Sur un moulage d'ancien.

229 — Bras **Louis XVI**, trois lumières Delafosse.
Fondu sur ancien.

230 — Applique **Louis XVI**, Enfants (Pour cristaux).

231 — Bras **Louis XVI,** Bercy, n° 1.
Fondu sur ancien.

232 — Bras **Louis XVI,** Bercy, n° 2.

233 — Bras **Louis XVI,** tête de bélier.

234 — Bras **Renaissance** pour le gaz.

235 — Maquette de grand bras **Louis XIV.**
Plâtre inachevé.

LUSTRES, SUSPENSIONS, LANTERNES

236 — Lustre **Louis XVI,** pour cristaux.

237 — Lustre **Louis XVI,** Enfants Marie-Antoinette.

238 — Éléments divers de lustres **flamands.**

239 — Lustre **turc.**

240 — Suspension **Renaissance** à jour.

241 — Suspension **Renaissance,** tête de lion.

242 — Suspension **Renaissance,** rinceaux.

243 — Suspension **flamande.**

244 — Éléments pour grande suspension à lampes.

245 — Éléments pour lanterne **Louis XVI.**

246 — Éléments pour lanterne **Louis XVI,** n° 2.

247 — Éléments pour lanterne **Renaissance.**

GARNITURES DE FOYER

248 — Feu **Louis XIV,** sphinx et enfant.
Fondu sur ancien.

249 — Feu **Louis XIV**, sphinx coquille.
Fondu sur ancien.

250 — Feu **Louis XIV,** Sphinx lambrequin.
Fondu sur ancien.

251 — Eléments pour Feu **Louis XIV,** chimères.
(Vente SÉVENIER).

252 — Feu **Louis XVI** à vase.
Fondu sur ancien.

253 — Feu **Louis XIII** uni à boule.
Fondu sur ancien.

254 — Feu **chien chinois,** n° 1.
Fondu sur ancien.

255 — Feu **chien chinois**, n° 2.

256 — Feu **Louis XVI**, fonte seulement.
Fondu sur ancien.

DIVERS

257 — Encrier **Renaissance**, coffre.

258 — Encrier **Louis XV,** coquille.

259 — Encrier **Louis XV**, plat.

260 — Flambeau **Louis XV** bas.

261 — Encrier **nénuphar,** Perrot.

262 — Vase **enfants,** cordes nos 1 et 2.
Modèle du Louvre.

263 — Lampe **Louis XIV**, Holford, pour marbrerie.

264 — Console **Louis XIV**, Enfant poisson.

265 — Console **chinoise** à dragon.

266 — Brûle-Parfums **chinois**, têtes d'Éléphant, n° 1.

267 — Brûle-Parfums **chinois,** têtes d'Éléphant, n° 2.

268 — Brûle-Parfums **chinois**, nénuphar.

269 — Brûle-Parfums **chinois,** pied à jour.

270 — Monture de Coupe **Louis XVI**, à lauriers.
(Vente Sévenier).

271 — Brûle-Parfums **Louis XVI**, consoles.
(Vente Sévenier).

272 — Brûle-Parfums **Louis XVI,** trois enfants.

273 — Le même, modifié pour l'émail.

274 — Pot à Tabac **Renaissance,** pour émail.

275 — Vase **tête d'Éléphant**, pour cristal ou émail.

276 — Coupe **Louis XVI,** cygne.

277 — Eléments pour Coupes **Louis XVI.**

278 — Verrou **Louis XVI,** fondu sur ancien.
(Vente Sévenier.)

279 — Vide-Poches **Mule.**

280 — Boîte à **timbres.**

281 — Coffret **Renaissance.**

282 — Montures pour petite chaise à porteurs **Louis XVI.**

283 — Éléments pour **jardinière** pour dessus de cheminée.

284 — Éléments pour vase **Louis XVI,** anse sirène.

285 — Coupe **persane** pour émail.

286 — Lot de **Fermoirs** pour buvards.

287 — Glace **Renaissance.**
(Vente Perrot).

288 — Petit Miroir **Louis XV.**

289 — Miroir **flamand** à lumières.

290 — Miroir **Louis XVI,** n° 1.

291 — Miroir **Louis XVI**, n° 2.

292 — Trois modèles galvano pour cadre à photographies et pour porte-montre **Louis XVI.**

293 — Cachet **palme.**

294 — Cachet **Saint-Louis.**

295 — Cachet **Amour.**

296 — Cachet **Minerve.**

297 — Cachet **Mars.**

298 — Cachet **Junon.**

299 — Cachet **Vénus.**

300 — Presse-papiers **Jockeys.**

301 — Presse-papiers **Jupiter et Titans.**

MONTURES DIVERSES

302 — Monture **Louis XVI** du Louvre, têtes de béliers, n° 1.

303 — Monture du **Louvre,** n° 2.

304 — Monture **Louis XVI** du Louvre, à consoles, n° 1.

305 — Monture du **Louvre,** à consoles, n° 2.

306 — Monture **Louis XVI,** pour guéridon.

307 — Monture pour grand **Coffre-fort** chinois.

308 — Monture pour grand **vase** chinois, n° 1.

309 — Monture pour grand **vase** chinois, n° 2.

310 — Monture pour grand **bouquet** chinois.

311 — Monture pour **lampe** Colonne, Carcel.
Fondu sur ancien.

312 — Monture **Louis XV,** pour vase, poissons.

313 — Monture **Louis XV,** pour vase.

314 — Bouquet **Louis XV,** pour vase, deux grandeurs.

LOTS DE PIÈCES DÉTACHÉES POUR MONTURES

STYLE LOUIS XVI

315 — Un **lot** de 19 pièces.

316 — Un **lot** de 8 pièces.

317 — Un **lot** de 8 pièces.

318 — Un **lot** de 13 pièces.

319 — Un **lot** de 19 pièces.

320 — Un **lot** de 20 pièces.

321 — Un **lot** de 13 pièces.

322 — Un **lot** de 39 pièces.

323 — Un **lot** de 13 pièces.

324 — Un **lot** de 18 pièces.

325 — Un **lot** de 8 pièces.

326 — Un **lot** de 7 pièces.

327 — Un **lot** de 5 pièces.

328 — Un **lot** de 5 pièces.

329 — Un **lot** de 10 pièces.

330 — Un **lot** de Gorges de lampes de styles variés, 7 pièces.

331 — Un **lot** d'uni, 16 pièces.

STYLE LOUIS XIV

332 — Un **lot** de 8 pièces.

333 — Un **lot** de 13 pièces.

334 — Un **lot** de 7 pièces.

335 — Un **lot** de 6 pièces.

336 — Un **lot** de 7 pièces.

337 — Un **lot** de 9 pièces.

338 — Un **lot** de 8 pièces.

339 — Un **lot** de 11 pièces.

STYLE LOUIS XV

340 — Un **lot** de 7 pièces.

341 — Un **lot** de 6 pièces.

342 — Une Monture de vase **Louis XV**, du Louvre, 5 pièces.

343 — Un **lot** de 3 pièces.

344 — Un **lot** Louis XV et Louis XVI, 26 pièces.

345 — Un **lot** Louis VV et Louis XVI, 8 pièces.

STYLE CHINOIS

346 — Un **lot** de 12 pièces.

347 — Un **lot** de 9 pièces.

348 — Un **lot** de 7 pièces.

349 — Un **lot** de 12 pièces.

350 — Un **lot** de 7 pièces.

351 — Un **lot** de 11 pièces.

352 — Un **lot** de 6 pièces.

353 — Un **lot** de 5 pièces.

354 — Un **lot** de 16 pièces.

355 — Un **lot** de 18 pièces.

356 — Un **lot** de 9 pièces.

357 — Un **lot** de 19 pièces.

358 — Un **lot** de 19 pièces.

359 — Un **lot** de 17 pièces.

360 — Un **lot** de 18 pièces.

361 — Un **lot** de 15 pièces.

362 — Un **lot** de 8 pièces.

363 — Un **lot** de 11 pièces.

364 — Un **lot** de 12 pièces.

365 — Un **lot** de 27 pièces.

366 — Un **lot** de 10 pièces.

367 — Un **lot** de 22 pièces.

368 — Un **lot** de 10 pièces.

369 — Un **lot** de 13 pièces.

370 — Un **lot** de 23 pièces.

371 — Un **lot** de 16 pièces.

3[illegible] — Un **lot** de [illegible] pièces.

373 — Un **lot** de 10 pièces unies.

374 — Un **lot** de 31 pièces unies.

375 — Un **lot** de 10 pièces unies.

376 — Quatre **Modèles** de plaques de bénitiers pour l'émail.

377 — Un **lot** de Branch[illegible]s Louis XV pour bouquets.

378 et suivants — Les pièces oubliées au présent catalogue.

NOTA. — *Tous les modèles d'ornementation qui ne portent pas la mention* **fondu sur ancien** *ou celle de leur origine sont sortis des mains de* MM. ROBERT *frères*, LAMBERT, MESSAGER, COUPRI, MELOTTE, VITRY, *etc.*

www.ingramcontent.com/pod-product-compliance
Lightning Source LLC
LaVergne TN
LVHW010010230826
846092LV00002B/747